Inês Broshuis

CURSO PARA MINISTROS DA EUCARISIA

Paulinas

Dados Internacionais de Catalogação na Publicação (CIP)
(Câmara Brasileira do Livro, SP, Brasil)

Broshuis, Inês,
   Curso para ministros da Eucaristia / Inês Broshuis. – 29. ed. – São Paulo:
Paulinas, 2013. – (Coleção catequese regional)

ISBN 978-85-356-3537-9

1. Ação Católica   2. Catequese - Igreja Católica   3. Eucaristia
I. Título. II. Série.

13-05323   CDD-264.36

Índice para catálogo sistemático:
1. Eucaristia : Sacramentos : Cristianismo   264.36

29ª edição – 2013
6ª reimpressão – 2024

Nenhuma parte desta obra poderá ser reproduzida ou transmitida por qualquer forma e/ou quaisquer meios (eletrônico ou mecânico, incluindo fotocópia e gravação) ou arquivada em qualquer sistema ou banco de dados sem permissão escrita da Editora. Direitos reservados.

Cadastre-se e receba nossas informações
paulinas.com.br
Telemarketing e SAC: 0800-7010081

Paulinas
Rua Dona Inácia Uchoa, 62
04110-020 – São Paulo – SP (Brasil)
📞 (11) 2125-3500
✉ editora@paulinas.com.br

© Pia Sociedade Filhas de São Paulo – São Paulo, 1979

APRESENTAÇÃO

Mais um livro de INÊS BROSHUIS. Ela escreve, não pelo simples gosto de escrever, mas sempre respondendo aos nossos apelos, apelos que são da necessidade da nossa pastoral. Ela os escreve como apóstola, sentindo a necessidade de evangelizar. Agora, são roteiros para a preparação dos Ministros Extraordinários da Administração da Santíssima Comunhão.

É mais uma publicação de Paulinas, precisamente no décimo aniversário da Instrução "Fidei Custos" que abriu para a Igreja as possibilidades deste novo Ministério.

Ninguém, hoje, desconhece a existência e o precioso trabalho destes nossos irmãos, primeiros colaboradores dos párocos, servindo aos irmãos, de muitas maneiras, principalmente no atendimento aos enfermos e aos idosos que não podem ir à igreja participar da Eucaristia, raiz e centro da Igreja. E como são excelentes os serviços prestados pelos Ministros em nossas Comunidades sem padre, cada dia mais numerosas, nas periferias de nossas cidades ou espalhadas pela nossa zona rural.

Fazendo uma avaliação da caminhada destes dez anos, devemos constatar que os bons resultados desta iniciativa — bem como os abusos e contratempos — estão ligados à escolha, formação e acompanhamento dos Ministros Extraordinários da Administração da Santíssima Comunhão. É necessário fazer uma escolha criteriosa destes que irão servir a Comunidade: pessoas de fé profunda, de sólida piedade, capaz de estar disponíveis aos apelos dos irmãos de fé, sem desejarem com isto uma projeção pessoal, bem aceitos pela Comunidade a quem devem, também, servir de modelo e de estímulo. Mas não basta fazer uma boa escolha. É preciso formá-los e dar-lhes um acompanhamento. Caberá ao responsável pela

Comunidade fazer tudo isto. Muita coisa boa vem sendo realizada nestes setores: cursos, reuniões etc. Mas sempre sentindo a falta de um pequeno manual adaptado. Agora vem o livro de Inês.

Ele segue o mesmo ritmo dos seus livros anteriores destinados à preparação do Batismo e da Crisma ou como iniciação à catequese ou à Bíblia. Serve para a formação dos Ministros bem como para formação da Comunidade. E, neste assunto de Ministros, precisamos não só prepará-los para o seu Ministério, como preparar a Comunidade para que os aceite com o coração aberto, sem medo das inovações.

O livro abrange alguns assuntos muito importantes: a responsabilidade de ser Igreja — o ministério na Igreja — o Domingo, dia do Senhor — a Eucaristia — orientações práticas. Os nossos Ministros — e são tantos, hoje — poderão lucrar bastante com o uso deste livro. Não basta lê-lo. É preciso usá-lo como auxílio para reflexão e trabalho em grupos, tirando dele tudo aquilo que ele é capaz de oferecer. Os Padres poderão usá-lo, de acordo com sua criatividade e com seu dom de adaptação, para a formação da Comunidade, seja Paroquial, seja das Pequenas Comunidades.

Obrigado à Inês que, prontamente, respondeu ao nosso pedido. Deus continue abençoando seus trabalhos.

Parabéns ao nosso Departamento de Evangelização e Catequese, pois este livro é sinal da vitalidade espiritual e apostólica de todos os que aí estão engajados. Deus continue abençoando largamente seus esforços catequéticos.

E que sejam muitos os frutos deste livro, para que Deus seja sempre anunciado, acolhido e se torne a vida de muitos.

Belo Horizonte, 30 de abril de 1979
Décimo aniversário da "Fidei Custos"
† Arnaldo Ribeiro, bispo auxiliar

PRIMEIRO ENCONTRO
NÓS NOS ENCONTRAMOS: POR QUÊ?

1. Dar as boas-vindas.
2. Colocar os objetos do curso.
3. Aplicar uma técnica de apresentação, conforme o ambiente e número de pessoas. É importante que todos se conheçam mutuamente e que, durante o tempo do curso, cheguem a um certo entrosamento e amizade, o que favorecerá muito o entusiasmo pelo curso.

   Sugestões para a apresentação:
   — Cada pessoa se apresenta, informando sobre sua pessoa, profissão, trabalho, estado civil, trabalho na sua comunidade paroquial etc;
   — em forma de entrevista: um entrevistando o outro;
   — as pessoas se agrupam duas a duas e travam conhecimento entre si. Depois, cada uma apresenta seu companheiro ao grupão.

4. Conforme o ambiente do curso, podem-se formar algumas equipes ou distribuir certas tarefas:
   — chamada, relatório
   — cartazes, jornal mural
   — cafezinho
   — canto etc

5. Combinar horário, local, dia etc.
6. Ouvir sugestões do grupo.
7. Cada cursista traga sempre sua Bíblia!

Estamos aqui juntos a fim de nos preparar para ser ministros da Eucaristia ou, se já o somos, para aprofundar mais o assunto sobre esse serviço à Igreja.

a) Como você chegou a ser (ou querer ser) ministro da Eucaristia?
b) O que é a Eucaristia para você?
c) Você acha que um ministro da Eucaristia deve corresponder a certas exigências? Quais?

Recolher as respostas, ver cada uma e comentá-las.

Há algumas exigências que se podem colocar para um ministro da Eucaristia, como vocês mesmos já falaram.

1. Pode-se esperar dele que seja uma pessoa de vida eucarística, alguém que tenha amor à Eucaristia: que participe dela regularmente na sua comunidade paroquial ou na sua comunidade de base; que comungue freqüentemente e que participe exercendo certas funções como leitor, comentador etc.

2. Deve ser também uma pessoa que tenha uma certa instrução sobre a Eucaristia, conheça a Palavra de Deus (ao menos o Novo Testamento).

3. Deve ser um elemento de união na sua comunidade, onde, conforme as necessidades, tenha um papel de liderança, saiba dirigir um culto sem padre etc.

Esperamos tratar de diversos assuntos no decorrer de alguns encontros.

ORAÇÃO

Senhor, tu nos chamaste para um serviço
em nossa comunidade.

Queremos responder ao teu chamado
com sinceridade e responsabilidade.

Queremos nos preparar seriamente
para ser ministros da Eucaristia, dignos e aplicados.

Dá-nos tua força e tua graça. AMÉM.

SEGUNDO ENCONTRO

NÓS SOMOS IGREJA

PONTO DE PARTIDA

Todo ser humano é um ser social. Precisa do outro. Só junto com os outros pode crescer.

Dêem exemplos de que precisamos constantemente dos outros. (Recolher as respostas.)

A necessidade de andarmos juntos se mostra no fato de que as pessoas se associam em empresas, clubes, movimentos, na família etc.

Vocês participam de alguns movimentos ou associações? Quais os motivos disto?

Estamos vendo que as pessoas se associam para conseguir melhor certos objetivos. Dizemos, com razão: a união faz a força.

Isto se aplica também à dimensão religiosa da nossa vida. Também aqui podemos viver juntos e unir as forças.

DESENVOLVIMENTO

Durante a vida de Jesus, muitos seguiram o Mestre. Ficaram admirados por sua Palavra e impressionados por seu modo de viver

Depois da morte e ressurreição de Jesus, aqueles que tinham vivido com ele saíram para anunciar o Cristo. De tal modo era a sua pregação que muitos aderiram a Cristo e pediram o Batismo.

Queriam seguir os passos de Cristo, mas não o faziam individualmente. Formavam-se comunidades de cristãos, que, impulsionados pelo Espírito Santo, procuravam viver em união e fraternidade, em fé e oração.

Estas comunidades se chamavam IGREJA. A palavra IGREJA vem do grego e significa ASSEMBLÉIA.

Portanto, quando falamos aqui em IGREJA, não estamos nos referindo ao prédio onde os cristãos se reúnem, mas à comunidade das pessoas que querem seguir a Jesus Cristo.

Toda a primeira parte do livro dos Atos dos Apóstolos nos mostra como o Espírito Santo transformou em Igreja viva o pequeno grupo de apóstolos e discípulos que Jesus reunira a seu redor e deixara, na Terra, com uma grande missão. São Lucas nos fala sobre a vida comunitária, a vida de união fraterna que se notava na Igreja nascente.

É próprio da ação do Espírito Santo: UNIR, FAZER COMUNIDADE.

Indício disto, no Antigo Testamento, encontramos na conhecida narração da Torre de Babel. Vamos ler juntos Gn 11,1-9.

Podemos observar que, em toda Terra, havia uma só língua. Depois do pecado dos homens, o orgulho, Deus confundiu-lhes a comunicação. Ninguém se entendia mais.

Trata-se de uma narrativa simbólica. Ela quer nos ensinar que o pecado, o orgulho, o egoísmo são as causas dos desentendimentos entre os seres humanos. Pensando somente em si mesmos, não se comunicam uns com os outros.

Vamos ler, agora, Atos 2,5-11.

Lucas mostra, aqui, o efeito da ação do Espírito Santo. Quando ele é dado à jovem Igreja, todos ouvem a sua própria língua. Isto quer dizer que o Espírito une e faz que todos se entendam, porque o Espírito é amor.

No Antigo Testamento há ainda outra narrativa interessante. O profeta Ezequiel narra uma visão que teve e na qual se vê que o Espírito de Deus quer dar vida a seu povo e construir essa vida em unidade e liberdade. Nesta passagem vemos também que o Espírito do Senhor quer unir e dar vida. Vamos ler juntos Ez 37,1-14.

Deus prometeu o Espírito ao povo do Antigo Testamento. Ele o deu ao povo da Nova Aliança, a Igreja.

Vamos ler juntos At 2,22-27 e 4,32-35, e ver quais os efeitos do Espírito nas primeiras comunidades da Igreja.

Os efeitos do Espírito, nestas primeiras comunidades, podem ser resumidos do seguinte modo:

— Estavam unidos na mesma fé, perseveravam na doutrina dos apóstolos.

— Eram solidários, vendiam o que tinham; não havia necessitados entre eles.

— Eles se uniam para a fração do pão — Eucaristia — e para rezar.

— Assim davam testemunho e atraíam muitos.

EM GRUPOS

Para vivermos como verdadeira comunidade de Igreja, no Espírito de Jesus, como nós devemos viver isto, HOJE? Os quatro pontos citados acima podem ajudar na reflexão.

Recolher as respostas e, em plenário, completá-las.

1. Perseverar na doutrina dos apóstolos

Comunidade de fé

Devemos conhecer e viver o Evangelho que os apóstolos nos deixaram.

É importante e necessário conhecer, ouvir e ler o Evangelho regularmente, ler e estudá-lo em grupos, participar de cursos e círculos bíblicos etc.

Só podemos seguir a Cristo se o conhecermos bem, e só o conheceremos através dos evangelhos.

Também devemos conhecer e ouvir aquilo que a Igreja nos fala hoje. Ela traduz o Evangelho para os nossos tempos. Conhecemos os documentos do Concílio Vaticano II, documentos como *Populorum Progressio* e *Pacem in Terris*?

Conhecemos os documentos dos bispos latino-americanos: o *documento de Medellín*, e o *de Puebla*?

E os documentos dos bispos do Brasil? Escreveram diversos, entre outros: *Exigências cristãs de uma ordem política*.

Também a Igreja local, a diocese, tem suas orientações e diretórios. O que vocês estão fazendo de concreto neste sentido?

2. Unir-nos para rezar e para celebrar a Eucaristia

Comunidade de oração

Os primeiros cristãos se reuniam para a celebração da Eucaristia. Faziam isto "em memória do Senhor". Nos próximos encontros vamos aprofundar mais esta parte. Nós, como ministros da Eucaristia, devemos conhecê-la bem, viver dela e ter por ela um grande amor.

3. Os cristãos devem viver unidos, em solidariedade

Comunidade de amor

O amor era a característica dos primeiros cristãos. "Não havia necessitados entre eles", diz a Bíblia. Como nós podemos viver isto, hoje? Não vendemos nossas propriedades, mas podemos repartir nossos dons, capacidades, nosso tempo, e colocar nossos bens mais à disposição dos outros.

Cada ano temos a Campanha da Fraternidade que procura concretizar este espírito de solidariedade. Devemos participar dela, ativamente.

É importante também que os cristãos tenham sua voz e atuação bem concretizadas no mundo político e econômico, como cidadãos bem conscientes. Os problemas só se resolvem, e as estruturas injustas só se modificam com uma ação política sadia, iluminada pelos princípios cristãos. Somente assim não se pensará egoisticamente em interesses individuais próprios ou de certos grupos, e os menos favorecidos serão lembrados. Esta ação, hoje mais do que nunca, é um dever dos cristãos.

O que vocês estão fazendo de concreto neste sentido?

O Espírito Santo está atuando, hoje. Nota-se, atualmente, uma significativa tendência para a formação de pequenas comunidades: comunidades de base, grupos carismáticos, cursilho, pequenas comunidades religiosas etc.

Tais comunidades facilitam a convivência e a solidariedade. Elas, porém, devem possuir sempre as características acima mencionadas. Por isso, é bom fazermos parte delas, rezarmos juntos, refletirmos juntos sobre nossa missão e engajarmo-nos, sendo solidários com nossos irmãos. Estas pequenas comunidades são células da grande comunidade, a Igreja.

O ministro da Eucaristia deve estar ligado a uma determinada comunidade paroquial e participar de algum movimento leigo como sinal do seu engajamento na vida da sua comunidade.

4. Dar testemunho, ser uma Igreja missionária

Se vivermos tudo que acabamos de ver, seremos testemunhas do grande amor de Deus e atrairemos outros para viverem como membros conscientes e responsáveis da Igreja. Assim a Igreja será missionária, sabendo que existe em função de todos os homens que esperam a salvação. O Concílio Vaticano II o definiu assim: "Salvar o homem todo e todos os homens. Não é uma salvação que se preocupa só com a alma, mas com todos os problemas dos homens. Não é a salvação para um pequeno grupo privilegiado, mas a salvação para todos, sem exceção de ninguém."

ORAÇÃO *baseada em 1Cor 13. Rezar alternadamente.*

A. Eu posso falar a língua dos homens, e até dos anjos, mas se não tiver amor,
 o que eu falo será como o barulho do gongo, ou o som do sino.

B. Posso ter o dom de anunciar mensagens inspiradas, ter todo conhecimento, entender todos os segredos, e ter toda a fé necessária para tirar as montanhas de seus lugares, mas se não tiver amor, eu nada serei.

A. Posso dar tudo o que tenho,
 e até entregar meu corpo para ser queimado, mas se eu não tiver amor, isso não me adianta nada.

B. O amor é paciente e bondoso,
 o amor não é ciumento, nem orgulhoso, nem vaidoso.

A. Não é grosseiro, nem egoísta.
Não se irrita, nem fica magoado.

B. O amor não se alegra com o mal dos outros, e sim com a verdade.

A. O amor nunca desanima, mas suporta tudo com fé, esperança e paciência.

A e B. Agora permanecem a fé, a esperança e o amor. PORÉM, O MAIOR DESTES É O AMOR.

CANTO (CF/75)

Os cristãos tinham tudo em comum.
Dividiam seus bens com alegria.
Deus espera que os dons de cada um
se repartam com amor no dia-a-dia.

1. Deus criou este mundo para todos.
   Quem tem mais é chamado a repartir
   com os outros o pão, a instrução
   e o progresso. Fazer o irmão sorrir.

2. Mas acima de alguém que tem riqueza,
   está o homem que cresce em seu valor,
   e liberto caminha para Deus,
   repartindo com todos o amor.

TERCEIRO ENCONTRO

NÓS SOMOS O CORPO DE CRISTO

PONTO DE PARTIDA

Vocês já sofreram algum acidente? Já ficaram doentes?

Algum membro ou órgão do seu corpo não funcionou bem?

Como você se sentiu?

Podemos observar que, quando algum membro ou órgão do nosso corpo não funciona normalmente, todo o nosso ser sente as suas conseqüências.

DESENVOLVIMENTO

Continuando nossas reflexões sobre a Igreja, vamos ver o que a Bíblia diz a respeito da mesma.

1. São Paulo compara a Igreja a um corpo. Diz que há muitos membros e uma cabeça. Cada membro tem sua função própria.

   Vamos ler o trecho em 1Cor 12,12-31.

   O que nos mostra esta leitura?

Recolher as respostas, comentá-las e completá-las

a) Todos estamos unidos a Cristo, a cabeça, sem o qual o corpo não pode existir.

b) Nós somos os membros. Temos funções diferentes. Qual *a minha* missão específica? Já refleti sobre isto?

Ser ministro da Eucaristia tem algo a ver com isto? Como?

c) Tenho cumprido bem a minha tarefa ou tenho prejudicado o corpo da Igreja?

d) O Corpo de Cristo poderia funcionar melhor se todos os membros fossem membros conscientes e cumpridores de sua missão?

2. Parecida com a imagem do corpo é a comparação da *videira e os ramos* que encontramos *em* Jo *15,1-17.* Vamos ler este trecho.

O que nos diz este texto?

> *Recolher as observações dos participantes.*

O ramo somente pode dar fruto quando fica ligado ao tronco que é Jesus Cristo. Isto quer dizer que somente quando ficamos unidos a Cristo, tendo a mesma mentalidade, podemos dar verdadeiros frutos.

3. Uma comparação muito usada depois do Concílio Vaticano II é a do POVO EM MARCHA. Assim como o Povo de Israel caminhava para a Terra Prometida, assim o Novo Povo de Deus está caminhando para a Terra Prometida.

Quais são as características de um povo *EM MARCHA?*

> *Recolher as respostas.*

a) Nós não andamos sós, mas juntos, como povo.

b) Em marcha, quer dizer que estamos sempre em movimento, em crescimento. Não podemos parar. Sempre enxergaremos novos panoramas, novas situações que nos pedem mudanças, adaptações.

c) Estamos indo para um fim. Não marchamos sem destino. Nossa Terra Prometida é o Reino de Deus. Nós estamos construindo este Reino desde já, através da nossa atuação como cristãos no mundo.

Este mundo deve ser melhor, deve ser um mundo de paz, de justiça, de amor. Devemos construí-lo sem descansar, unindo as forças, impregnando este mundo de valores evangélicos, de um espírito cristão.

4. No Evangelho lemos ainda que Cristo diz que sua Igreja é o sal da terra, a luz do mundo (Mt 5,13-16). Vamos ler este texto e ver as conclusões. *(Recolher as respostas.)*

Os cristãos devem ser o sal da terra. Quando os cristãos viverem conforme o espírito de Cristo, o mundo será melhor, mais habitável, mais feliz.

Os cristãos devem ser a luz para o mundo: indicar o caminho da felicidade e da verdadeira libertação, o caminho da justiça e do amor.

Se a Igreja for verdadeiramente LUZ, como Cristo, nosso mundo sairá das trevas e saberá encontrar o caminho que leva à verdadeira paz.

Será que nós somos, de fato, sal e luz para nosso mundo, nosso ambiente, nossa família, nosso bairro, nossa paróquia?

ORAÇÃO: *Ef 1,3-12. Rezar alternadamente.*

A. Agradecemos ao Deus e Pai de nosso Senhor Jesus Cristo.

B. Pois por nossa união com Cristo ele nos abençoa, dando-nos todos os dons espirituais.

A. Antes da criação do mundo, Deus já nos havia escolhido para pertencermos a ele em união com Cristo, a fim de sermos santos e perfeitos diante dele.

B. Por causa de seu amor por nós, Deus já havia resolvido que nos faria seus filhos, por meio de Jesus Cristo. Pois isso era seu prazer e a sua vontade.

A. Por isso, louvemos a Deus pela sua gloriosa graça, pelo dom gratuito que ele nos deu em seu querido Filho.

B. Porque, pela morte de Cristo, somos libertados, isto é, nossos pecados são perdoados.

Como é maravilhosa a graça de Deus, que ele nos deu em tão grande quantidade.

A. Deus, em toda a sua sabedoria e entendimento, fez o que havia resolvido, e nos revelou o plano secreto que tinha decidido realizar por meio de Cristo.

B. O plano que Deus realizará, quando chegar o tempo certo, com Cristo como cabeça.

A. Porque tudo é feito de acordo com o plano e a decisão de Deus.

É ele que nos escolheu para sermos seu próprio povo, em união com Cristo.

A e B. Portanto, nós que fomos os primeiros a pôr nossa esperança em Cristo, LOUVEMOS A GRANDEZA DE DEUS.

CANTO

Nós somos muitos, mas formamos um só corpo,
que é o corpo do Senhor, a sua Igreja;
pois todos nós participamos do mesmo pão da unidade,
que é o corpo do Senhor, a comunhão.

(Missa da Unidade — Sono-Viso)

QUARTO ENCONTRO
O MINISTÉRIO NA IGREJA

PONTO DE PARTIDA

Em uma determinada paróquia, todos sentiam que deveria ser feita alguma coisa para um melhor atendimento aos membros mais necessitados da comunidade. Todos se questionavam a respeito, mas ninguém dava o primeiro passo. E assim, nada feito.

Um dia, depois de um encontro, alguns membros da paróquia abordaram o assunto.

"Vamos nós mesmos fazer e organizar alguma coisa", disse Felipe.

"Mas não quero saber de mandão, não", observou Francisco. "Somos todos iguais e responsáveis."

Planejou-se um encontro. Mas, sendo todos iguais e responsáveis, ninguém preparou nada, ninguém tomou nenhuma providência. O encontro foi desorganizado. Não se chegou a nenhuma conclusão.

Tentou-se mais um encontro. Nem a metade da turma compareceu.

Então, Diogo falou: "Gente, é necessário distribuir as responsabilidades, cada um ficando responsável por uma parte. E um deve ser o coordenador de tudo. Sem nenhuma organização, a coisa nunca vai para frente. Ninguém precisa ser mandão mas deve haver coordenação e organização. Vamos formar uma espécie de diretoria, ou como vocês quiserem chamá-la. Vamos preparar direitinho as nossas reuniões, a fim de chegar a conclusões concretas e práticas".

Todos concordaram. Já tinham chegado à conclusão de que pode haver igualdade tendo, ao mesmo tempo, alguma coordenação. Isto só beneficiaria ao próprio grupo e, através deste grupo, aos necessitados da paróquia.

PARA REFLETIR:

— Vocês conhecem situações em que faltava uma certa organização e isto levou ao término do movimento?

— Vocês acham que, para dirigir um grupo, é necessário exercer "autoridade"? Ou qual outra forma acham melhor? Por quê?

DESENVOLVIMENTO

Nenhuma comunidade que quer ir para frente pode ficar totalmente sem organização. É preciso repartir certas funções ou serviços em benefício da comunidade. Isto também se aplica à Igreja.

Mas Jesus já advertiu desde o início: "Vocês sabem que os chefes dos povos têm poder sobre eles, e os seus dirigentes têm autoridade sobre eles. Isto, entretanto, não acontecerá com vocês. Se alguém quiser ser grande, deve ser O SERVIDOR DE TODOS. E se alguém quiser ser o primeiro, deverá ser O SERVO DE TODOS.

O Filho do homem não veio para ser servido, mas para SERVIR e dar a vida em resgate de muitos" (Mc 10,42-45). Este serviço à Igreja nós o chamamos de MINISTÉRIO. A palavra "ministério" (em grego: diakonia) quer dizer SERVIÇO. O ministro (em grego: diakonos) é aquele que serve. Estas palavras caracterizam bem o que são o ministério e o ministro na Igreja. Jesus foi o primeiro a ser SERVO.

No Antigo Testamento, o Profeta Isaías fala muito sobre o Messias, que ele chama de SERVO DE JAVÉ. Descreve como este Servo de Javé será humilhado, sofrerá, para salvar os outros. Ele não virá para dominar, mas para servir (Is cap. 53).

As profecias se realizam em Jesus. Ele não segue o caminho da grandeza, da autoridade, do domínio, mas é aquele que serve até à morte. Por isso, toda a Igreja e em primeiro lugar seus ministros, devem SERVIR, seguindo o exemplo do seu Mestre. O chamado ao ministério não é uma "distinção", nem prêmio, mas SERVIÇO.

Este serviço pode-se dar de diversas maneiras. Existe na Igreja, desde os primeiros tempos, um ministério hierárquico. Hierárquico quer dizer que inclui diversos graus, como os degraus de uma escada. Um degrau está mais alto do que o outro. Talvez esta expressão não seja muito feliz, porque parece ser justamente o contrário de serviço, sendo uns mais importantes do que os outros. Talvez seja melhor dizer: uns têm maior responsabilidade que os outros.

Os apóstolos, desde cedo, foram ajudados por *anciãos* (em grego: presbyteroi). Daí vem nossa palavra presbítero. As comunidades dos judeus convertidos ao cristianismo tinham "anciãos" à sua frente.

Lemos no livro Atos dos Apóstolos que Paulo e Barnabé estabeleceram *presbíteros* (At 14,23) e que os apóstolos e os presbíteros estavam juntos, reunidos (cf. At 15,4; 16,4; 21,18).

Os apóstolos instituíram, ou mandavam instituir, em cada cidade, presbíteros, através da imposição das mãos (1Tm 5,17-22). Na epístola de Tiago lemos que os presbíteros oravam pelos doentes e os ungiam com óleo (Tg 5,14). Em outro lugar, lemos que deviam presidir a assembléia dos cristãos (1Tm 5,17).

Na sua carta aos Filipenses, São Paulo saúda a todos os cristãos de Filipos, aos *bispos* e *diáconos (Fl 1,1).*

Aqui vemos, então, que além dos presbíteros houve também bispos (ou epíscopos) e diáconos.

No livro Atos dos Apóstolos, cap. 6, lemos:

"Como crescesse o número dos discípulos e, por isso, não podiam todos ser atendidos como deviam, também materialmente, os apóstolos convocaram uma reunião com os discípulos e disseram: 'Nós não podemos deixar de anunciar a Palavra de Deus para cuidar da parte material. Portanto, irmãos, escolhei dentre vocês sete homens de boa reputação, cheios do Espírito Santo e de sabedoria, que fiquem então encarregados desta parte, e nós continuaremos com o anúncio da Palavra'".

"Assim escolheram entre eles sete homens e os apresentaram aos apóstolos que lhes impunham as mãos".

Estes diáconos não cuidavam somente da parte material. Eles também pregavam (At 21,8).

Na carta aos Romanos fala-se também de uma mulher chamada Febe, que presta serviço ("diáconos") à comunidade (Rm 16,1).

Os epíscopos ou bispos supervisionavam e orientavam a comunidade. No final do século I, em cada comunidade havia *um* epíscopo (1Tm 3,1-7) que era eleito no meio dos presbíteros (Tt 1,5-9).

Na primeira carta a Timóteo podemos ler sobre os deveres dos epíscopos e diáconos, no capítulo 3,1-13, e sobre os presbíteros no cap. 5,17-22. Também na carta a Tito lemos semelhantes instruções no cap. 1,5-9.

Depois da morte dos apóstolos, o governo da Igreja estava formado por uma hierarquia com três graus:

Um *epíscopo* (ou bispo) que é o pastor e presidente da comunidade.

Um *presbitério,* ou seja, um grupo estável de presbíteros, funcionando como conselho do bispo para julgar questões doutrinais e disciplinares.

Os *diáconos* que assistem o bispo.

Só mais tarde os presbíteros se tornam mais autônomos e assumem a direção de paróquias (séc. V e VI).

(Na Bíblia não lhes é dado o nome de sacerdotes que, na Igreja, aparece no séc. III. Nem os apóstolos são chamados assim. Mas seu ministério os põe a serviço de Jesus Cristo, o único e Sumo Sacerdote da humanidade.)

A situação atual

O poder pastoral é dado, em sua plenitude, aos bispos. Governam uma parte da Igreja (chamada "diocese"). Continuam a missão de Cristo de dirigir o seu Rebanho, o seu Povo: anunciam a Palavra de Deus e tornam presentes os sinais da presença de Cristo, os sacramentos.

A sagração episcopal faz-se pela imposição das mãos por três bispos que invocam o Espírito Santo. Este é o núcleo da solenidade. Há ainda outros atos simbólicos: unção da cabeça com óleo (chamado "crisma"), entrega do báculo e do anel, a imposição do Evangelho sobre a cabeça do sagrado para pedir que, da Palavra de Deus, desça sobre ele o Espírito.

O bispo governa sua diocese, às vezes assistido por outros bispos auxiliares.

O bispo não é somente pastor da sua diocese, mas também co-pastor da Igreja inteira. Todos os bispos juntos formam a autoridade pastoral. A reunião solene de todos eles, convocada pelo Papa, chama-se "Concílio Ecumênico".

Tais concílios são feitos raramente. Conhecemos ainda bem de perto o Concílio Vaticano II, realizado de 1962 a 1965; anterior a ele foi o Concílio Vaticano I no ano de 1870, que foi o primeiro Concílio depois do Concílio de Trento no séc XVI (1545 — 1563).

Os concílios tratam de assuntos doutrinários e pastorais relativos a toda a Igreja.

Na vida da Igreja, o bispo de Roma, sucessor do apóstolo Pedro, ocupa um lugar especial.

Jesus estabeleceu a Pedro como o primeiro dos apóstolos. A tarefa do bispo de Roma é a mesma que a de Pedro: manter a Igreja unida na fé e na vida (cf. Jo 21,15-17).

O bispo de Roma é o presidente do colégio dos bispos. Deve fomentar a união entre eles e, através deles, de toda a Igreja.

Para expressar melhor a co-responsabilidade dos bispos no governo da Igreja universal, desde 1967 são feitos regularmente SÍNODOS em Roma. Participam destes sínodos os bispos representantes de todos os bispos do mundo. Tais sínodos são de grande valor, tanto para os próprios bispos que discutem problemas vividos nas suas dioceses, como também para o Papa que, através destes sínodos, está a par daquilo que se passa na Igreja e no mundo, o que o ajuda na direção do Povo do Deus.

Nos seus próprios países, os bispos se reúnem em Conferências Nacionais dos Bispos. Reúnem-se regularmente para estudar os problemas da Igreja no seu país.

Aqui, no Brasil, temos a CNBB (Conferência Nacional dos Bispos do Brasil). Também os bispos da América Latina têm sua organização chamada CELAM (Conselho Episcopal Latino-Americano).

Os bispos têm seus auxiliares, chamados presbíteros (sacerdotes ou padres), e também os diáconos.

Os sacerdotes presidem a Eucaristia, atendem às confissões e dão a absolvição sacramental, batizam e administram a unção dos enfermos.

Compartilham também da missão da pregação e são os animadores da sua comunidade paroquial ou de um setor pastoral. Ajudam a comunidade ou setor a caminhar e assumir sua responsabilidade própria.

Também a ordenação sacerdotal consiste numa oração de súplica ao Espírito Santo e numa imposição das mãos. Faz-se isto pelo bispo e por todos os sacerdotes presentes. Também aqui há, em torno deste núcleo, outras cerimônias: a unção das mãos com óleo, a entrega do cálice e da patena, a primeira presidência, junto com o bispo, da celebração eucarística.

Os sacerdotes têm seu conselho presbiterial para assessorar o bispo no seu governo da diocese.

A ordenação diaconal também se faz pela imposição das mãos e pela invocação do Espírito Santo. A tarefa dos diáconos é de batizar e pregar e estar a serviço da comunidade.

A ordenação episcopal, sacerdotal e diaconal constitui um só sacramento da ORDEM em três graus.

Hoje, vemos que a Igreja nomeia e envia outros ministros que prestam um certo serviço a determinadas comunidades, ministros de funerais, e assim também os chamados "ministros da Eucaristia". Todos estes ministros são e continuam *leigos*.

Os ministros da Eucaristia recebem um "mandato" do bispo, mas este ritual não faz parte do sacramento da ordem sacerdotal.

Qual é o serviço que a Igreja espera destes ministros?

a) Formar, corresponsavelmente, a comunidade, em união íntima com o vigário e formando equipe com os outros paroquianos.

b) A distribuição da Comunhão. Muitas vezes também o ministro da Eucaristia leva a Comunhão aos doentes da comunidade.

c) Em certos lugares, os ministros da Eucaristia são também os ministros do culto sem padre. Aqui eles não somente distribuem o Pão eucarístico, mas também o Pão da Palavra.

EM GRUPOS

A) Vamos ler alguns textos que nos falam sobre SERVIÇO. Depois, vamos responder a algumas perguntas. Cada grupo pode tomar um texto só e aprofundá-lo.

1º texto: Jo 13,1-17

2º texto: Jo 10,11-15

3º texto: Lc 22,24-27

Perguntas:

1. Qual o versículo mais importante nesta leitura?
2. O que ensina este texto a respeito da pessoa de Cristo?
3. Quais as conseqüências que tiramos disto para nossa tarefa como "ministro"?

B) Vamos ler, agora, na primeira carta aos Coríntios, o capítulo 12,4-28. Depois, respondam: O que este texto nos ensina a respeito da nossa responsabilidade dentro da comunidade da Igreja?

C) Qual a diferença entre:

Papa — bispos — presbíteros — diáconos — ministros da Eucaristia?

PLENÁRIO

ORAÇÃO

Senhor, tu vieste não para ser servido, mas para servir.

A tua Igreja não pode desejar ser servida, mas sim servir aos homens.

Os ministros da tua Igreja devem distinguir-se por seu espírito de serviço. Assim também nós.

Seja nosso trabalho, como ministro da Eucaristia, um verdadeiro serviço a nossa comunidade.

Dá-nos a coragem de sermos sempre disponíveis aos outros.

CANTO (CF/69)

Vamos servir, Jesus manda servir.
Ele serviu ao Pai e a seus irmãos.
Quero acolher, Senhor vossa palavra,
seguir o vosso exemplo.

1. Como o Verbo encarnado, vindo ao mundo
com a missão de salvar o pecador,
disse ao Pai, aceitando o sacrifício:
Eis que venho fazer vossa vontade".

QUINTO ENCONTRO

O SENTIDO DO DOMINGO

PONTO DE PARTIDA

Para nós todos, o domingo é um dia alegre. A família se reúne, passeia, descansa. É um dia de encontro, um dia diferente dos outros.

Para os cristãos é um dia dedicado ao Senhor, um dia de oração, de ir à igreja. Para os católicos é o dia de ir à Missa.

a) Como você passa o domingo?

b) O que é mais importante para você no domingo?

DESENVOLVIMENTO

Sabemos que o Povo da Bíblia guardava semanalmente o dia do Senhor, que para ele era o sábado. Assim era o mandamento do Senhor: seis dias de trabalho e, no sétimo, repouso.

No livro Deuteronômio, capítulo 5, vers. 12 a 15, lemos o seguinte: "Guardarás o dia do Sábado e o santificarás, como te ordenou o Senhor, teu Deus. Trabalharás seis dias e neles farás todas as tuas obras; mas no sétimo dia, que é o repouso do Senhor, teu Deus, não farás trabalho algum, nem tu, nem teu filho, nem tua filha, nem teu servo, nem tua serva, nem teu boi, nem teu jumento, nem teus animais, nem o estrangeiro que vive dentro de teus muros, para que o teu escravo e a tua serva descansem como tu.

Lembra-te que foste escravo no Egito, donde a mão forte e o braço poderoso do Senhor te tirou. É por isso que o Senhor, teu Deus, ordenou-te que observasses o dia do Sábado".

Observando bem este texto, vemos que o sábado era um dia de repouso para os judeus se lembrarem que um dia foram escravos no Egito, onde tiveram de fazer trabalhos duros, mas que agora são um povo libertado pelo Senhor.

Sendo livres, deixam de trabalhar um dia por semana. É um dia de descanso que recorda os grandes benefícios de Deus a seu povo. É um presente de Deus. Jesus, mais tarde, dirá que o sábado foi feito para o homem, e não o homem para o sábado (Mc 2,27). Isto quer dizer que o sábado é um benefício para o homem, e não pode tornar-se um mandamento pesado.

Depois da ressurreição de Jesus, os primeiros cristãos se reuniam cada domingo para lembrar a ressurreição. Assim, aos poucos, passaram a guardar o domingo em vez do sábado. Mas o sentido é o mesmo: um dia de gratidão pelos benefícios de Deus a seu novo povo, um dia para se lembrar das grandes coisas feitas por nós na pessoa de Jesus Cristo.

Os primeiros cristãos não acharam nada melhor para comemorar isto do que fazer aquilo que o Senhor mesmo lhes tinha pedido: Repartir o Pão em memória dele. Os cristãos se reuniam para celebrar a Eucaristia, a presença do Cristo vivo, ressuscitado, no meio deles. Assim se lembravam da sua morte e da sua doação até o fim, da sua glorificação e da sua presença real no meio deles. Há meio melhor para celebrar o domingo? Há meio melhor do que se lembrar que Cristo é o "Deus-conosco", presente no meio do seu povo?

E assim ficou através dos séculos. A Igreja caminha neste mundo e o povo se reúne, especialmente nos domingos, para se lembrar dos benefícios de Deus, da morte e ressurreição de Jesus e da sua presença no meio deles. Assim, cada domingo é uma pequena festa de Páscoa. Neste dia estamos livres para nos reunir como povo de Deus, como Igreja, como comunidade, ao redor da mesa do Senhor.

Não é certo considerar a participação da Missa, no domingo, como uma obrigação grave que deve ser cumprida.

Os cristãos, livres dos Trabalhos, devem se reunir, no domingo, como Família de Deus, para louvá-lo e celebrá-lo na alegria.

Domingo é festa, sim! No dia de festa não se trabalha, usam-se as melhores roupas, a comida é mais gostosa, a família se reúne e, como ponto alto: o encontro da comunidade com Deus.

Em certos lugares, não há a celebração da Eucaristia, por falta de padres. Mas o domingo continua do mesmo jeito "Dia do Senhor", dia de festa e alegria, dia de encontro da comunidade com Deus. Quando não pode haver Missa, pode haver "o culto sem padre".

É a celebração da Palavra onde é distribuída também a Comunhão.

Aqui também Cristo está no meio de nós. Ele está presente onde os cristãos se reúnem. Ele está presente através da sua Palavra. Ele está presente nas espécies do Pão guardadas cuidadosamente no sacrário.

Então, não tem cabimento dizer: devo ir à Missa no domingo. Mas, se não houver Missa, sou dispensado. Quem vive o *espírito* do domingo, participa com o mesmo amor de culto sem padre. É tudo uma questão de *sentir-se* cristão, membro responsável da comunidade de Cristo.

Domingo é o dia que fortifica, que edifica a comunidade da Igreja.

Estando juntos na mesma mesa, ao redor da mesma Palavra de Deus, comungando o mesmo Pão da Vida, crescemos juntos e tomamos consciência da nossa responsabilidade dentro da comunidade. É um dia próprio também para fazer um círculo bíblico, reflexões e orações comunitárias, alguma reunião da comunidade etc.

Aqui há um papel importante para o ministro da Eucaristia. Ele faz parte de uma determinada comunidade e tem por missão fazer esta comunidade crescer. Deverá animar a comunidade para que ela se encontre e cresça sempre mais

EM GRUPOS

1. Na sua comunidade, como se celebra o domingo?
2. O que poderia ser feito nos domingos para sua comunidade crescer e entrosar-se mais?

ORAÇÃO: *Salmo 32. Rezá-lo alternadamente.*

Todos: Vamos! Louvai o Senhor com todo entusiasmo.

A. Todos: fiéis e justos, vinde participar desta celebração. Agradecei e bendizei ao Senhor, entoando belas canções nos vossos instrumentos.

B. Cantai um canto novo, e tocai com arte as melodias da vossa louvação.

A. A Palavra do Senhor é segura e firme, como todas as suas obras. O Senhor ama a justiça e o direito; seu amor fiel enche a vastidão da Terra!

B. Sua Palavra, sopro de sua boca, criou o céu e todas as estrelas. Represou o mar dentro dos seus limites, e dominou as forças ameaçadoras da natureza.

A. Estamos à espera do Senhor, nosso auxílio e nossa proteção.

Ele é a fonte da nossa alegria, a razão da nossa esperança.

Todos: Que a tua graça se derrame sobre nós, Senhor, na mesma medida em que a desejamos.

CANTO

*Somos um povo que alegre vai
marchando dia a dia ao encontro do Pai.
Aqui reunidos, nós participamos
desta Igreja santa que pro céu vai caminhando.*

1. Todos congregados pelo amor do Senhor,
   nossa voz unida cantará seu louvor.

2. Todos peregrinos, pela Terra passamos,
   nossa fé ardente vai o mundo iluminando.

3. Temos alegria de viver como irmãos,
   entre nós começa a unidade dos cristãos.

4. A esperança fala de um mundo melhor,
   onde não existe mais tristeza nem dor.

SEXTO ENCONTRO

A EUCARISTIA (I)

PONTO DE PARTIDA

Várias vezes por dia sentamo-nos à mesa para uma refeição. Pode ser uma refeição simples ou festiva. Mas há sempre algo que caracteriza uma refeição. Não é um simples comer.

Mais do que comer, o que significa a refeição para você?

DESENVOLVIMENTO

A refeição na antigüidade

Na antigüidade, a refeição tinha, muitas vezes, um caráter sagrado. As pessoas presentes sentiam-se unidas a uma força superior: os deuses Os pagãos tinham seus cultos que incluíam banquetes sagrados. Achava-se que, comendo da vítima oferecida aos deuses, recebiam-se forças divinas.

As refeições para o Povo da Bíblia

Para o Povo da Bíblia, a refeição era um sinal de hospitalidade e de união. Também conheciam as refeições sagradas, ligadas ao seu culto. Imolavam-se as vítimas (animais) num altar, para assim adorar a Deus e para reconciliar-se com ele.

Nos chamados "sacrifícios de comunhão", só uma pequena parte da vítima era queimada. O resto era consumido pelos sacerdotes e pelos fiéis que neste banquete sagrado experimentavam a comunhão, a familiaridade com Deus. Tal refeição era sinal da Aliança de Deus com seu Povo.

A ceia da Páscoa

A principal refeição sagrada era celebrada na festa da Páscoa. Imolava-se um cordeiro que era comido na refeição pascal. (Leiam Ex 12,1-11.)

Deste modo, o Povo se lembrava da libertação, pela mão de Deus, da escravidão do Egito. Lembrava-se também da Aliança que Deus fez com seu Povo no monte Sinai, a sua passagem pelo deserto etc. E não era somente uma lembrança, mas a salvação de Deus e que se tornava presente para eles.

A Ceia Pascal era uma verdadeira AÇÃO DE GRAÇAS pelos benefícios de Deus, um ATO DE LOUVOR.

A refeição na vida de Jesus

Também no tempo de Jesus, as refeições, mesmo não ligadas ao sacrifício, tinham um caráter sagrado. Sempre simbolizavam a união com Deus e os presentes. Por isto, os judeus não podiam tomar a refeição com pecadores e pagãos, porque, conforme eles, estes estavam excluídos da amizade de Deus.

Na vida de Jesus vemos como ele dava importância às refeições. Ele compara o Reino de Deus a um BANQUETE (cf. Lc 14,15-24).

Encontramos Jesus na mesa familiar de Lázaro (Lc 10,38-42). Na festa de casamento em Caná (Jo 2,1-11).

Na casa de Simão, onde recebe a pecadora arrependida (Lc 7,36-50). Ele toma as refeições com os pecadores: na casa de Mateus (Mt 9,10) e de Zaqueu (Lc 19,2-10). Vamos ler estes trechos antes de continuar a nossa reflexão.

Estas refeições são um verdadeiro anúncio do banquete no Reino de Deus: alegria, perdão, salvação, abundância.

Quando Jesus prepara a refeição no deserto, multiplicando os pães para milhares de pessoas, ele quer mostrar a abundância do Reino de Deus nos fins dos tempos, como também nas bodas de Caná onde o vinho corre com fartura.

Uma coisa escandalizava muito os judeus: o fato de Jesus "entrar na casa dos pecadores e comer com eles". Mas isto, para Jesus, tinha justamente um sentido muito profundo: o Reino de Deus é para todos. Ninguém é excluído. Também os pecadores podem entrar e até entrarão antes dos "justos" (Mt 21,31).

A última refeição de Jesus

A refeição que ficou marcada para sempre foi a "última ceia". Todos nós sabemos do que se trata. Mas, justamente do que é considerado muito conhecido sabemos, muitas vezes, tão pouco. Por isso, vamos entrar mais um pouco no sentido desta "última ceia".

Quando Jesus e seus apóstolos se reuniram naquela quinta-feira, não fizeram algo inteiramente novo. Tratava-se de uma espécie de ceia como era costume entre os judeus naquele tempo.

Em dado momento da ceia, o chefe da família passava a uma AÇÃO DE GRAÇAS, uma oração de louvor a Deus. Louvava-se a Deus por causa das "grandes coisas" que fez a seu povo: a saída do Egito, a Aliança no monte Sinai, o maná do deserto etc.

Toda a criação estava nesta ação de graças, porque os judeus queriam honrar seu Deus como o Deus que criara tudo. Por isto, a ação de graças abrangia o Sol, a Lua, as estrelas, a saúde do gado e das árvores, a fertilidade dos campos etc.

Aquela oração era pronunciada durante a ceia pelo chefe da família. Os membros e os hóspedes uniam-se a esta oração.

Durante a ação de graças, o pai tomava um pedacinho de pão, partia-o em partes pequenas e dava a cada um a sua parte.

Comendo juntos, expressavam o desejo de se unirem verdadeiramente à ação de graças que o pai de família pronunciava.

Do mesmo modo, o pai convidava todos a beberem com ele, cada um do seu próprio cálice, num gole só, também como expressão da participação da oração do pai. Isto significava a oração de todos os presentes. O pai de família queria dizer que não rezava sozinho, mas que expressava os sentimentos de todos.

Encontramos tudo isto na última refeição de Jesus. Encontramos aqui a oração de AÇÃO DE GRAÇAS de um modo todo especial, como lemos no evangelho de São João, capítulo 17. Jesus deve ter agradecido a seu Pai "por tudo", no estilo da época. Mas para ele foi uma "consagração até à morte". Ele ia ser imolado como vítima, em conseqüência do seu serviço a Deus e aos homens, através de sofrimentos e perseguições.

Também vemos que Jesus tomou o pão que estava na mesa, o partiu em pedaços e deu aos seus discípulos, dizendo: "Isto é o meu corpo que será entregue por vocês. Façam isto em memória de mim".

Depois de haver ceado, tomou também o cálice, dizendo: "Este cálice é a Nova Aliança no meu sangue. Façam isto, todas as vezes que o beberem, em memória de mim".

É bom sabermos que "comer" para o Povo da Bíblia não é simplesmente ingerir alimento. Significa que aquilo que é comido é assimilado de tal modo que passa a ser um com ele.

Nós lemos no livro do Profeta Ezequiel, cap. 3,1-3, o seguinte: "Filho do homem, falou-me Deus, come o rolo da Palavra de Deus que aqui está, e, em seguida, vá falar à casa de Israel".

Abri a boca, e ele me fez engolir. "Filho do homem, falou-me Deus, nutre o teu corpo, enche o teu estômago com o rolo da minha palavra que te dou. Então o comi, e era ele em minha boca doce como o mel".

Numa linguagem figurada, lemos aqui que o profeta "come" o livro da Palavra de Deus. Isto quer dizer que ele faz sua a Palavra de Deus, a assimila e vive daquela Palavra.

Jesus diz que a vontade de Deus é seu alimento (Jo 4,34) e diz aos seus discípulos que vai dar a si mesmo para ser comido (Jo 6,51).

Então, quando Jesus diz: "Comam... bebam..." ele quer dizer: Através destes gestos de comer e beber vocês se unem a mim, passam a viver a minha vida, a minha doação ao Pai e aos homens. Assim como eu vou "morrer e dar minha vida para salvação dos homens", vocês, unidos a mim, devem fazer o mesmo.

A última ceia e os primeiros cristãos

Quando Cristo, na última ceia, se referiu a sua morte, a seu corpo imolado, a seu sangue que seria o sangue da Nova Aliança, os apóstolos e os primeiros cristãos viram aí a realização da promessa de Jeremias: Em Cristo Deus fez uma Nova Aliança com seu Povo, um novo pacto de amizade.

Viram na morte de Jesus o sacrifício perfeito que punha fim a todos os sacrifícios do Antigo Testamento. Jesus é a vítima perfeita, o Cordeiro pascal imolado que alcançou assim para a humanidade a amizade de Deus, para sempre.

O "comer e beber" o Corpo e o Sangue do Senhor era a participação do sacrifício de Cristo, dando comunhão com Deus e os irmãos.

Já vimos que a refeição, para os judeus, era uma AÇÃO DE GRAÇAS. A última ceia era a AÇÃO DE GRAÇAS por excelência. A palavra EUCARISTIA, palavra grega, quer justamente dizer isto: ação de graças. Quando os primeiros cristãos se reuniam para a ceia do Senhor, faziam isto para louvar e agradecer a Deus os grandes benefícios recebidos por meio de Jesus.

A Eucaristia para nós, hoje

Desde a morte e ressurreição de Jesus, a Igreja celebra a *Eucaristia*, cumprindo o mandamento do Senhor:

"Fazei isto em memória de mim".

Nunca a Igreja pode se esquecer da obra de salvação operada por Jesus; nunca também pode se esquecer que sua missão é: unir-se a Cristo e, junto com ele, louvar ao Pai, agradecer-lhe seus benefícios. Observem que o louvor não é rendido a Cristo, mas AO PAI, por Cristo e em Cristo.

Ela deve continuar, nos seus membros, a obra de Cristo: salvar os homens através da doação, do serviço e do amor. Pela Eucaristia os cristãos participam do sacrifício de Cristo. Isto é, devem morrer com ele, para ressuscitar com ele. O amor dos cristãos deve ir até a morte.

Comer o corpo de Cristo, beber seu sangue, tem como finalidade a nossa transformação em Cristo, viver a mesma vida de amor e renúncia que ele viveu.

Pão e vinho se tornam corpo e sangue de Cristo. Quer dizer, toda a Pessoa de Cristo está aí presente, toda sua vida e sua força. Esta vida, esta força, devem penetrar em nós para vivermos da vida dele, e sermos transformados. Só assim transformaremos, por nossa vez, o mundo.

Assim, os efeitos do Pão eucarístico penetrarão na vida do mundo através de nós, através do nosso serviço, da nossa abnegação, do nosso "morrer".

Enquanto a Igreja caminhar na Terra, ela celebrará a Eucaristia até a vinda do Senhor nos fins dos tempos. É isto que ela diz quando, depois da consagração, todo o povo exclama:

**"Anunciamos, Senhor, a vossa morte,
e proclamamos a vossa ressurreição.
VINDE, SENHOR JESUS".**

A Eucaristia é também para nós A GRANDE AÇÃO DE GRAÇAS. Assim se chama a parte central da Eucaristia, aquela grande e solene oração de louvor. E, durante esta oração, a Igreja repete as palavras de Jesus: Isto é meu Corpo... isto é meu Sangue... comei... bebei...

Nesta grande AÇÃO DE GRAÇAS encontramos todo o sentido e riqueza da Eucaristia.

Para que os fiéis entendam toda a profundidade desta participação da Eucaristia, todo o compromisso que assumem quando comungar o corpo e sangue do Senhor, é necessário que conheçam também toda a riqueza da mensagem e da vida de Jesus.

É necessário que eles conheçam as Escrituras e o Plano de Deus. Por isso, a Eucaristia não pode ser celebrada sem o anúncio da Palavra. Gradualmente, a mensagem de Cristo é transmitida através das leituras da Bíblia, feitas durante a Missa, especialmente o Evangelho. É a CELEBRAÇÃO DA PALAVRA.

EM GRUPOS

Segue o texto da Oração Eucarística ou a GRANDE AÇÃO DE GRAÇAS nº II, a fim de analisar seu sentido.

Vamos ver quais as frases que falam sobre tudo aquilo que nós acabamos de ouvir:

a) a Eucaristia como ação de graças e louvor,
b) oferecida ao Pai;
c) memória da última ceia, da morte e ressurreição de Jesus;
d) a Nova Aliança de Deus com os homens:
e) a união do todo o povo num só corpo com Cristo;
f) a presença de todo este povo: vivos e mortos:
g) Todo louvor é dado por Jesus Cristo, ao qual nós nos unimos dizendo AMÉM.

Cada grupo pode analisar alguns aspectos.

A GRANDE AÇÃO DE GRAÇAS OU ORAÇÃO EUCARÍSTICA

Na verdade, é digno e justo, é nosso dever e salvação dar-vos graças sempre e em todo o lugar, Senhor, Pai santo, por vosso amado Filho, Jesus Cristo. Ele é a vossa Palavra, pela qual tudo criastes. Ele é o nosso Salvador e Redentor, que se encarnou pelo Espírito Santo e nasceu da Virgem Maria. Ele, para cumprir a vossa vontade e adquirir para vós um povo santo, estendeu os braços na hora da sua paixão, a fim de vencer a morte e manifestar a ressurreição. Por isso, com os Anjos e todos os Santos, proclamamos vossa glória, cantando (dizendo) a uma só voz:

Santo, Santo, Santo, Senhor Deus do universo! O céu e a terra proclamam a vossa glória. Hosana nas alturas! Bendito o que vem em nome do Senhor! Hosana nas alturas!

Na verdade, ó Pai, vós sois Santo, fonte de toda santidade. Santificai, pois, estes dons, derramando sobre eles o vosso Espírito, a fim de que se tornem para nós o Corpo e o Sangue de nosso Senhor Jesus Cristo.

[Assembleia] Enviai o Vosso Espírito Santo!

Estando para ser entregue e abraçando livremente a paixão, Jesus tomou o pão, pronunciou a bênção de ação de graças, partiu e o deu a seus discípulos, dizendo:

TOMAI, TODOS, E COMEI: ISTO É O MEU CORPO, QUE SERÁ ENTREGUE POR VÓS.

Do mesmo modo, no fim da Ceia, ele tomou o cálice em suas mãos e, dando graças novamente, o entregou a seus discípulos, dizendo:

TOMAI, TODOS, E BEBEI: ESTE É O CÁLICE DO MEU SANGUE, O SANGUE DA NOVA E ETERNA ALIANÇA, QUE SERÁ DERRAMADO POR VÓS E POR TODOS, PARA A REMISSÃO DOS PECADOS. FAZEI ISTO EM MEMÓRIA DE MIM.

Mistério da fé!

[Assembleia] Anunciamos, Senhor, a vossa morte e proclamamos a vossa ressurreição. Vinde, Senhor Jesus!

Celebrando, pois, o memorial da morte e ressurreição do vosso Filho, nós vos oferecemos, ó Pai, o Pão da vida e o Cálice da salvação; e vos agradecemos porque nos tornastes dignos de estar aqui na vossa presença e vos servir.

[Assembleia] Aceitai, ó Senhor, a nossa oferta!

Suplicantes, vos pedimos que, participando do Corpo e Sangue de Cristo, sejamos reunidos pelo Espírito Santo num só corpo.

[Assembleia] O Espírito nos una num só corpo!

Lembrai-vos, ó Pai, da vossa Igreja que se faz presente pelo mundo inteiro; que ela cresça na caridade, em comunhão com o Papa N., com o nosso Bispo N., os bispos do mundo inteiro, os presbíteros, os diáconos e todos os ministros do vosso povo.

[Assembleia] Lembrai-vos, ó Pai, da vossa Igreja!

Lembrai-vos também, na vossa misericórdia, dos (outros) nossos irmãos e irmãs que adormeceram na esperança da ressurreição e de todos os que partiram desta vida; acolhei-os junto a vós na luz da vossa face.

[Assembleia] Concedei-lhes, ó Senhor, a luz eterna!

Enfim, nós vos pedimos, tende piedade de todos nós e dai-nos participar da vida eterna, com a Virgem Maria, Mãe de Deus, São José, seu esposo, Os Apóstolos, (São N. Santo do dia ou padroeiro) e todos os Santos que neste mundo viveram na vossa amizade, a fim de vos louvarmos e glorificarmos por Jesus Cristo, vosso Filho.

Por Cristo, com Cristo, e em Cristo, a vós, Deus Pai todo-poderoso, na unidade do Espírito Santo, toda a honra e toda a glória, por todos os séculos dos séculos.

[Assembleia] Amém.

ORAÇÃO

A Oração Eucarística do início até o SANTO.

CANTO

O pão da vida, a Comunhão,
nos une a Cristo e aos irmãos,
e nos ensina abrir as mãos
para partir, repartir o pão (bis).

1. Na Páscoa Nova da Nova Lei,
   quando amou-nos até o fim,
   partiu o pão, disse: Isto é meu Corpo
   por vós doado: tomai, comei.

2. Se neste pão, nesta Comunhão,
   Jesus por nós dá a própria vida,
   vamos também repartir os dons,
   doar a vida por nosso irmão.

SÉTIMO ENCONTRO

A EUCARISTIA (II)

PONTO DE PARTIDA

Quando celebramos uma festa, seguimos, em geral, um certo ritual. Em cada festa encontramos: homenagem a alguém, discursos, cantos; reúnem-se os amigos do homenageado; servem-se comes e bebes; canta-se "parabéns" e oferecem-se presentes. Quando se trata de um aniversário não podem faltar o bolo e as velas.

DESENVOLVIMENTO

Nas nossas comemorações, seguimos então certos "ritos", gestos, cerimônias, que se repetem e que se tornam familiares a nós. Então se diz: sem bolo não há aniversário, sem comes e bebes não há festa. Isto se tornou tão costumeiro, que faz parte da festa.

A celebração da Eucaristia também segue certos ritos. Formam como que o esqueleto da celebração. Para nós, como ministros da Eucaristia, é bom conhecermos a estrutura de uma celebração eucarística.

1. Inicia-se com um canto. O celebrante saúda o Povo em nome de Deus.

2. Sentindo que nós estamos sempre em falta com Deus, e para purificar-nos dos nossos pecados, segue então o rito da penitência. Reconhecemos nossa culpa e pedimos perdão a Deus.

3 Rito de louvor. Cantamos ou rezamos o "Glória" ou outro canto de louvor.

4. Segue-se a celebração da Palavra. Ouvimos as leituras da Bíblia intercaladas por cantos, um momento de silêncio ou recitação de um salmo de meditação.

   Nos domingos há 3 leituras: uma do Antigo Testamento, uma das cartas ou epístolas dos apóstolos e a terceira leitura tirada dos Evangelhos.

   Segue-se uma homilia e a profissão da nossa fé. Em seguida, as preces pelas necessidades da comunidade.

5. Chega o momento da liturgia da ceia. O celebrante prepara a mesa para a refeição.

   Quando há procissão do ofertório, levam-se para o altar o pão, o vinho, velas e flores.

   O padre, através de uma oração, prepara o pão e o vinho para serem consagrados. São tirados do uso comum e destinados a serem o corpo e o sangue de Cristo.

   Às vezes, canta-se neste momento. Mas devemos observar bem que esta parte se chama "preparação dos dons". Não é ainda o oferecimento de louvor ao Pai, mas é mais uma preparação para o grande momento da AÇÃO DE GRAÇAS.

6. Em seguida, o celebrante reza "A GRANDE AÇÃO DE GRAÇAS" ou a Oração Eucarística sobre a qual já falamos no encontro anterior. É o centro da Eucaristia. É a oração de louvor que damos ao Pai junto com Cristo que está presente no meio de nós.

   Lembramo-nos da sua morte e ressurreição e damos nosso AMÉM ao louvor e sacrifício de Cristo.

7. Logo depois da Oração Eucarística, rezamos juntos o PAI NOSSO. É a oração que expressa nossa união, nossa missão de estender o Reino de Deus. Damo-nos o abraço da paz e confraternização. Assim, unidos no amor, estamos prontos para participar da doação de Cristo

8. É a hora da comunhão. Através do "comer e beber" o Pão e o Vinho consagrados, unimo-nos a Cristo e aos nossos irmãos. Formamos um só corpo: queremos "comer" o Cristo,

isto é, viver a sua vida, deixar-nos impregnar por seu espírito, sermos transformados nele, para que toda nossa vida seja uma ação de graças, um ato de louvor ao Pai.

Queremos, como Cristo, esquecer-nos em doação e serviço, dar nossa vida pelo irmão, trabalhar para que seu Reino se estenda sempre mais.

9. No fim, o celebrante nos dá a bênção de despedida. Vamos viver nossa missão no trabalho, na família, no meio dos nossos irmãos, construir um mundo novo, um mundo impregnado do espírito evangélico.

RESUMINDO:

Estrutura da Eucaristia

1 — Acolhida

2 — Rito da penitência

3 — Rito de louvor

4 — Celebração da Palavra: leituras
homilia
profissão de fé
preces da comunidade

5 — Liturgia da ceia eucarística:
preparação dos dons
a grande ação de graças
a comunhão

6 — Rito de despedida.

Dentro deste esquema, há grande liberdade para a criatividade

Somente a Oração Eucarística tem sua fórmula prescrita. Existem diversas fórmulas aprovadas.

EM GRUPOS

1. Em nossas comunidades como é celebrada a Eucaristia?
2. Como é a participação do povo?
3. Você já participou da celebração da Eucaristia em pequenos grupos? Você gostou? Por quê?
4. Comente esta frase:
   "O mundo espera o testemunho da vida cristã dos que se alimentam da Eucaristia, especialmente dos ministros do sacramento e dos evangelizadores".

PLENÁRIO

ORAÇÃO

Expressemos a união entre nós, em Cristo e com o Pai, rezando, de mãos dadas, o PAI NOSSO.

CANTO

O Senhor necessitou de braços / para ajudar a ceifar a messe, / e eu ouvi seus apelos de amor; / então respondi: aqui estou, / aqui estou.

1. Eu vim para dizer / que eu quero te seguir,
   que eu quero viver com / muito amor o que aprendi.

2. Eu vim para dizer / que eu quero te ajudar,
   eu quero assumir a tua cruz / e carregar.

3. Eu vim para dizer / que vou te acompanhar,
   e com meus irmãos / um mundo novo edificar.

OITAVO ENCONTRO
MINISTROS DE CULTO SEM PADRE

PONTO DE PARTIDA

Numa determinada capela, o padre vai só de vez em quando para celebrar a missa. Nos outros domingos há "culto sem padre". Isto quer dizer que não há celebração da Eucaristia, mas só a parte da celebração da Palavra. O ministro da Eucaristia dá a comunhão.

Pedro, que é ministro da Eucaristia, naquele lugar, prepara o culto todo. Pedro acha que, por ser ministro da Eucaristia, ele é o "dono" da capela. Não aceita opinião de ninguém. Organiza tudo como ele acha bonito. Ele mesmo escolhe e faz as leituras.

Mas o povo não está satisfeito, e com razão. O pessoal se queixa que não entende o que Pedro fala. Ele lê depressa demais. Faz uma pregação bem demorada.

Resultado: o povo começa a deixar de freqüentar o culto e quer só saber de se reunir quando o padre vem celebrar.

O que você acha da atitude de Pedro? E do povo?

DESENVOLVIMENTO

Em certos lugares, os ministros da Eucaristia são também os ministros do culto sem padre. Não distribuem somente o Pão eucarístico, mas também o Pão da Palavra. Embora o ministro da Eucaristia possa ser o animador da comunidade, ele não deve fazer tudo sozinho. Ele não pode ser autoritário, dominador, auto-suficiente. Ele *é ministro: servidor.*

Que ele seja, antes de tudo, um animador, um homem responsável, que procura dialogar e que dá vez aos outros membros da comunidade.

Quando há mais pessoas para preparar o culto, estas pessoas se acostumam e aprendem a tomar responsabilidades e a desenvolver seus dons a serviço da comunidade.

E mais pessoas sabem mais do que uma só. Por isso é bom formar uma equipe a fim de desenvolver a criatividade com novas idéias e sugestões Esta equipe deve se reunir cada semana.

O que se pode fazer durante a reunião?

1. É bom fazer primeiro uma avaliação do culto do domingo passado. O que foi bom, o que não foi bom? Assim se evita que se façam os mesmos erros. Aquilo que foi bom pode ser repetido ou melhorado mais. Aqui, uns pontos para esta avaliação:

   a) O povo freqüentou o culto? Se foram poucas pessoas, por que será?
   b) O local estava bem arrumado? A mesa também? O culto foi bem preparado?
   c) As leituras foram bem feitas? O povo entendeu tudo direitinho?
   d) A explicação do Evangelho foi demorada demais? Ficou bem dentro da mensagem do Evangelho?
   e) O povo cantou? Se não, por quê? Pode-se melhorar o canto?

   E assim por diante. Tais avaliações ajudam muito a melhorar o culto. E não tenhamos medo de críticas. Devemos ouvir as críticas para poder melhorar.

2. Depois da avaliação, vamos escolher o programa ou desenvolvimento do culto. Existem folhetos prontos para o culto sem padre (Edições Paulinas). Se houver estes folhe-

tos na sua comunidade, é fácil. Basta segui-los. Isto não quer dizer que não se possa fazer uma adaptação conforme a situação da sua comunidade. Não seja escravo do folheto, mas tenha criatividade para adaptar o texto onde e quando for conveniente.

Se não houver o folheto do culto sem padre, então pode-se desenvolver o seguinte roteiro:

1. Canto inicial
2. Oração inicial
3. Leitura de um trecho de uma das epístolas
4. Canto ou salmo de meditação
5. Leitura do Evangelho
6. Pequena explicação das leituras
7. Recitação do CREIO EM DEUS PAI
8. Preces da comunidade
9. Coleta, Oração
10. Recitação do PAI NOSSO
11. Rito da penitência
12. Comunhão
13. Oração de louvor (Glória, ou outra)
14. Canto final.

Para fazer um culto deste tipo, você pode tomar as leituras da missa do domingo, ou escolher um certo tema, por ex., gratidão — louvor — conversão — vocação etc. Olhe bem que todos os cantos e as leituras tratem do mesmo tema. Não se faz uma leitura sobre o arrependimento de Zaqueu, por exemplo, para depois cantar "Louvemos a Maria". Não há ligação entre a leitura e o canto. Deve, então, ser um canto que fale de conversão.

As leituras devem ser bom feitas. Se não, perdem o efeito. Por isso leia devagar, com boa articulação, pronunciando todas as sílabas. Faça uma pausa onde há pontos e vírgulas. Observe a entonação da voz: tudo no mesmo tom cansa e faz perder a atenção.

O leitor deve ficar de frente para o povo a fim de que possam ouvir bem sua voz.

Se fizer uma explicação das leituras, prepare-a bem e não ultrapasse dez minutos.

Faça o povo todo cantar. Ensaie os cantos, se forem novos. Cuide também da beleza do canto. Nada de gritaria. Uma voz educada não grita, mas canta. O povo tem tendência para arrastar o canto. Depende muito de quem dirige o canto fazer com que o povo cante no ritmo certo.

O canto é um ótimo meio para unir o povo. Cria interesse. Faz todos participar. Se houver alguém que toca violão alegrará mais ainda o ambiente.

Um pequeno coro pode sustentar o canto do povo, nunca, porém poderá tomar o lugar do povo.

As preces da comunidade podem ser preparadas anteriormente. Devem ser simples. Frases curtas, conforme as necessidades do povo.

Pode haver também preces espontâneas feitas pelos presentes.

Se houver coleta, diga-se sempre a finalidade da mesma e comunique-se, depois, quanto rendeu e o que foi feito com o dinheiro. Assim, o povo se sentirá mais responsável pelas despesas da comunidade.

Todas essas coisas não devem ser feitas por uma pessoa só, mas em equipe.

Na reunião semanal combina-se a preparação do culto do domingo seguinte: escolha das leituras e dos cantos, saber quem vai ler, quem dirige o canto, quem faz a explicação das leituras, quem se encarrega da coleta, e assim por diante.

Também é preciso saber quem irá preparar o local. A capela deve ser limpa, arrumada e enfeitada com flores e plantas (não flores artificiais). Na mesa deve haver uma toalha limpa e o corporal, duas velas acesas, a chave do sacrário, um copo com água para purificar os dedos depois de se dar a Comunhão, e um paninho para enxugar os dedos.

Se trabalharem assim em equipe, isto poderá ser de grande proveito para o lugar. Não precisa limitar-se ao culto. Pode-se promover círculos bíblicos, cursos, clubes de mães, descobrir as necessidades da comunidade e despertá-la para melhorar sua situação. Há tantos problemas a resolver, e sem um grupo que tome iniciativa, nada vai para frente.

A equipe deve procurar fazer o povo se interessar por seus problemas e, juntos, buscar uma solução. Não só problemas da Igreja, mas também os problemas do dia-a-dia da comunidade, na luta pela subsistência, pela educação, pelos meios de transporte, de comunicação etc.

A própria equipe também precisa se atualizar sempre, fazer encontros, cursos, participar daquilo que é promovido pela diocese, a fim de que as comunidades possam crescer. Se as comunidades crescem, a Igreja cresce, o povo cresce, o País cresce.

EM GRUPOS

Preparem, em grupo, um culto conforme o roteiro dado acima. Escolham, primeiro, o tema. Podem-se fazer sub-grupos, cada um preparando uma parte. Apresentem depois o culto e, juntos, façam a crítica.

ORAÇÃO

Pode ser tirada do culto que foi preparado.

CANTO

Juntos como irmãos, membros da Igreja,
Vamos caminhando, vamos caminhando,
juntos como irmãos, ao encontro do Senhor.

1. Num constante caminhar
   pelo deserto sob o sol,
   não podemos avançar
   sem a ajuda do Senhor.

2. Unidos a rezar,
   unidos a cantar,
   viveremos nossa fé
   com a ajuda do Senhor.

3. A Igreja em marcha está,
   a um mundo novo vamos nós,
   onde reinará a paz,
   onde reinará o amor.

NONO ENCONTRO
ALGUMAS ORIENTAÇÕES PRÁTICAS

PONTO DE PARTIDA

1. João sai do serviço e vai diretamente à Missa das 6h30m na sua paróquia. Ele vai daquele mesmo jeito que sai do serviço tomando duas conduções para chegar na hora. Sendo ministro da Eucaristia, distribui a Comunhão.
   Você vê algo de errado neste caso?

2. Num povoado, durante a celebração do culto sem padre, ao distribuir a Comunhão, um ministro da Eucaristia notou que as Hóstias não eram suficientes para tantos comungantes. Resolveu o caso, indo à sacristia e tirando uma boa quantidade de Hóstias que ele tinha comprado no dia anterior. Encheu o cibório e continuou a distribuir a comunhão.
   O que estava errado neste caso?

DESENVOLVIMENTO

A distribuição da Comunhão

É um serviço que prestamos à comunidade que exige de nós uma atitude de respeito e cuidado. Devemos isto a Deus e também ao próprio povo.

Pode-se esperar do ministro da Eucaristia uma atitude digna, uma espécie de cuidado e limpeza no modo de vestir. Mãos lavadas e unhas limpas. Já cuidamos disto quando tocamos em nosso alimento de cada dia. Mais ainda quando se trata do Corpo do Senhor. O que o ministro distribui não é pão comum, mas o Pão consagrado. Devemos distinguir o Pão eucarístico do pão de cada dia.

Na hora de distribuir a comunhão, faz-se uma genuflexão diante do sacrário, se abre o tabernáculo e se retira o Santíssimo Sacramento. Depois de distribuir a comunhão, faz-se uma genuflexão antes de fechar o tabernáculo.

Quanto ao modo de comungar: ultimamente introduziu-se o costume de receber a comunhão na mão. Mesmo assim, há pessoas que preferem receber a comunhão na língua. Saibamos respeitar este desejo. O que importa é o respeito que a pessoa que comunga expressa. A mão não é menos digna que a língua. Jesus disse: *"tomai e comei"*, e não colocou o Pão na boca dos apóstolos. O adulto se alimenta sozinho. Por isso é mais significativo receber a Hóstia na mão.

O modo mais aconselhado é o seguinte: O comungante estende a mão esquerda e o ministro coloca a Hóstia, dizendo: "O Corpo de Cristo". O comungante responde "Amém" e, com a mão direita, coloca a Hóstia na boca.

Antigamente, nós nos ajoelhávamos para receber a comunhão. Hoje ficamos em pé. As duas atitudes têm sua razão de ser. Ajoelhar-se é uma atitude de adoração, de humildade, de pedir perdão. Ficar em pé expressa respeito (cantamos o Hino Nacional em pé). É também uma atitude de prontidão: estou pronto para cumprir minha missão. É uma atitude de alegria também. É a atitude do homem ressuscitado pelo Batismo.

No Antigo Testamento, os judeus celebravam cada ano a festa da Páscoa que lhes lembrava a libertação da escravidão do Egito. Eles tomavam a refeição *em pé, prontos* para a viagem, para caminhar para a liberdade.

Assim nosso "estar-de-pé" pode expressar isto: Vamos caminhar com Cristo. Estamos prontos.

Às vezes a comunhão é distribuída fora da Missa. Então, é preciso colocar no altar: duas velas, o corporal, a chave do sacrário e o purificatório.

É necessário fazer uma pequena celebração. Um rito que pode ser usado encontra-se à pág. 64.

Nas capelas e igrejas onde o padre vai poucas vezes para celebrar a Missa, o ministro da Eucaristia tem de observar:

a) que as partículas consagradas sejam guardadas com respeito e cuidado. Uma pequena lâmpada acesa indica o lugar onde estão guardadas.

   A lâmpada pode ser elétrica ou a gás.

b) As partículas não podem ser guardadas por muito tempo. Devem ser regularmente renovadas (quando o padre vem para celebrar a Missa). As Hóstias mais antigas são distribuídas primeiro.

c) A presença do Santíssimo na igreja ou capela faz desta um lugar de respeito e oração. O Cristo está presente! O ministro e os fiéis mostrem sua fé nesta presença através de uma atitude de respeito. Com carinho zelem que o "Deus-Conosco" encontre um lugar, embora simples, digno de sua presença.

A COMUNHÃO AOS DOENTES

PONTO DE PARTIDA

Há uma grande festa na casa de Eduardo e Anita. Toda a família está reunida: os filhos, os irmãos, os vizinhos e os amigos. Só falta um: o irmão de Eduardo. Está doente, no hospital e não pode estar presente.

Mas ninguém se esquece do tio querido, padrinho de Antônio, filho de Eduardo.

À tarde, quando a festa ainda continuava, Antônio juntou num prato uma porção de salgados e doces e tomou o ônibus para o hospital. E disse ao tio: "Tio, saí um pouco da festa, porque nós todos sentimos tanto que o senhor não pode estar presente. Mas trouxe alguma coisa para o senhor. Sinta-se bem como se estivesse presente mesmo".

Os dois ficaram um tempo juntos, e o tio se sentiu como um dos participantes da festa do seu irmão.

DESENVOLVIMENTO

Muitas vezes, o ministro da Eucaristia leva a comunhão aos doentes da comunidade. É um serviço bonito prestado à comunidade e, especialmente, aos doentes. O sentido profundo disto é que, deste modo, os doentes podem participar da celebração da Eucaristia da paróquia. É este o sentido mais profundo. Os doentes não podem participar da Mesa eucarística da comunidade, mas alguém lhes leva o alimento, o Pão que nos une todos a Cristo e entre nós.

Seria muito interessante se o ministro, durante a celebração da Eucaristia, lesse os nomes dos doentes que ele vai visitar, dizendo que deste modo eles participam também da Mesa junto com os outros fiéis. Isto conscientizaria os fiéis de que os doentes fazem parte da comunidade. Muitas vezes são esquecidos. E seria uma oportunidade excelente para o ministro levar as notícias da paróquia ao doente que assim pode participar melhor da vida paroquial.

Nos primeiros tempos do cristianismo, quando a perseguição era violenta, certas pessoas da comunidade levavam o Pão eucarístico às casas dos fiéis e até às prisões, escondido. E isto sempre se repetia durante os tempos de perseguição da Igreja. A missão do ministro da Eucaristia já é antiga.

Obs.: É também tarefa dos atuais ministros da Eucaristia: visitar os doentes nos hospitais, acompanhá-los nos dias do sofrimento, levando a comunhão para eles e preparando-os para a morte, se for o caso. Em muitos hospitais, o trabalho é demais para os capelães. Um tal serviço, porém, deve ser feito de acordo com a diretoria e o capelão do hospital.

Algumas indicações práticas

Quando se leva a comunhão para um doente, use-se um traje digno. Durante o trajeto com o SSmo. Sacramento, conserve-se uma atitude de respeito e oração. Ao encontrar outras pessoas, trate-as com simplicidade e afabilidade.

Para transportar o Santíssimo, usa-se a "teca" e o sanguíneo.

A teca é um pequeno estojo dourado, próprio para levar a comunhão aos doentes.

Na casa do doente deve haver: a mesa com duas velas acesas, o corporal sobre a mesa, um copinho com água para purificar os dedos. Se o doente não puder comungar a partícula inteira, fracione-a e, se for necessário, sirva-a numa colher com água.

Depois de dar a comunhão, a teca deve ser purificada. Se sobrarem fragmentos maiores das partículas, estes deverão ser consumidos. Os pequeninos são colocados no recipiente com água.

A água em que se purificam os dedos e a teca deverá ser lançada sobre flores ou em outro lugar conveniente.

Deve-se usar com respeito e cuidado todos os objetos que são usados na cerimônia.

Obs.: Quando, ao distribuir a comunhão, cair alguma partícula no chão, deve-se levantá-la e comungá-la. Se não puder (caso tenha caído da boca de um doente, ou num lugar sujo), seja colocada junto ao sacrário, na água, até dissolver-se e depois jogá-la nas plantas ou flores.

RESUMINDO:

O ministro da Eucaristia não só distribui a comunhão, mas deve se esforçar por *fazer* comunhão entre os membros da comunidade.

Deve conhecer os membros da comunidade, conhecer seus problemas, e preocupar-se com que a comunidade se una cada vez mais. Deve procurar também um bom contato com seu pároco, trabalhar em união com ele e procurar ser o elo de união entre o pároco e fiéis.

Assim, a comunhão que ele distribui será a refeição da união de todos os membros e participação da morte e ressurreição do Senhor. Ponto mais alto e mais sublime não existe para os cristãos.

ORAÇÃO *baseada em Jo 15,1-17.*

Dirigente: Eu sou a videira, e meu Pai é o agricultor.
Todo ramo que não der fruto em mim, ele o cortará, e todo o que der fruto, podá-lo-á para que produza mais fruto.

Todos: Senhor, estamos dispostos a ser podados a fim de produzir mais fruto.

Dirigente: Permanecei em mim e eu permanecerei em vós.
O ramo não pode dar fruto por si mesmo, se não permanecer na videira. Assim também vós não podeis dar fruto, se não permanecerdes em mim.

Todos: Senhor, queremos sempre estar unidos a vós.

Dirigente: Este é o meu mandamento: Amai-vos uns aos outros como eu vos amo. Ninguém tem maior amor do que aquele que dá sua vida por seus amigos.

Todos: Senhor, queremos seguir o vosso mandamento. Queremos dar nossa vida por nossos irmãos, servindo a eles em nossa comunidade.

Dirigente: Não fostes vós que me escolhestes, mas eu vos escolhi a vós.

Todos: Senhor, estamos aqui, prontos para o serviço.

Dirigente: O que vos mando é que vos ameis uns aos outros.

Todos: Senhor, este será o nosso programa de vida, com a vossa graça e a vossa força. AMÉM.

CANTO

Onde o amor e a caridade, Deus aí está.

1. Congregou-nos num só corpo o amor de Cristo.
   Exultemos, pois, e nele jubilemos.
   Ao Deus vivo nós temamos, mas amemos,
   e sinceros, uns aos outros, nos queiramos.

2. Todos juntos, num só corpo congregados,
   pela mente não sejamos separados!
   Cessem lutas, cessem rixas, dissensões,
   Mas esteja em nosso meio Cristo Deus.

CERIMONIAL PARA O MANDATO DOS MINISTROS DA EUCARISTIA

A cerimônia é feita durante a celebração da Eucaristia e se inicia depois da homilia.

Vigário: Queiram aproximar-se os que receberão o mandato de ministros extraordinários da Eucaristia. *Cita os nomes e cada qual diz "presente" e se aproxima do Bispo.*

Vigário: Nossa comunidade está recebendo no seu meio novos ministros da Eucaristia. São pessoas que se dispõem a servir nossa comunidade.

Sabem que o ministro da Eucaristia não só distribui a comunhão, mas que é sua tarefa também "fazer comunhão" entre os membros da comunidade da qual ele mesmo pertence.

Ao nosso convite, eles se dispuseram com generosidade para este ministério e foram devidamente preparados.

Agora, a comunidade pede ao senhor (arce) bispo o mandato segundo as faculdades que a Santa Sé lhe concedeu.

Bispo: O vigário e a comunidade podem atestar que eles são dignos dessa missão?

Vigário: Conforme o nosso parecer e a preparação feita, declaro que foram considerados dignos.

Membro da comunidade: Em nome da nossa comunidade paroquial, afirmo que conhecemos os candidatos apresentados como cristãos dignos da nossa confiança e capazes de exercer com dignidade e dedicação este ministério.

Bispo: Meus caros filhos,
é com alegria que os acolho para conceder-lhes o mandato de Ministro da Eucaristia.

Querem procurar crescer na fé e no amor ao Mistério da Eucaristia, participar dela freqüentemente e dar testemunho de uma vida autenticamente cristã?

Candidatos: Queremos.

Bispo: Querem trabalhar para que esta comunidade cresça na união e fraternidade, em solidariedade e serviço mútuo, sabendo que a comunhão do Pão da Eucaristia visa a comunhão dos membros da comunidade?

Candidatos: Queremos.

Bispo: Querem distribuir aos seus irmãos o Corpo do Senhor e dedicar o máximo cuidado e reverência à administração da Eucaristia?

Candidatos: Queremos.

Bispo: Professem, então, agora sua fé como sinal de fidelidade à Igreja.

Candidatos: Recitam o "Creio em Deus Pai".

Os ministros ficam de joelho diante do bispo.

Bispo: O nosso auxílio está no nome do Senhor

Todos: Que fez o céu e terra.

Bispo: O Senhor esteja convosco.

Todos: Ele está no meio de nós.

Bispo: Concedei, Senhor, a vossa bênção a estes vossos filhos, aos quais a Santa Igreja convoca para o serviço de auxiliares na administração da Sagrada Comunhão ao Povo de Deus.

Possam eles, por seu testemunho e por seu serviço a esta comunidade, ajudar a edificar a Igreja que se alimenta com o Pão da Eucaristia cujos distribuidores serão. Pelo mesmo Cristo, Senhor nosso. Amém.

E eu, em virtude da faculdade que para isso nos concedeu o Santo Padre, os autorizo a distribuir a Sagrada Comunhão aos fiéis, segundo as normas para isso estabelecidas.

Em nome do Pai† e do Filho† e do Espírito† Santo.

Todos: Amém.

RITUAL PARA A COMUNHÃO FORA DA MISSA

Onde for possível, a celebração se inicia com um cântico apropriado.

Haverá velas acesas no altar e o corporal estendido sobre ele.

Ministro: Em nome do Pai, do Filho e do Espírito Santo.

Todos: Amém.

Ministro: A graça de Nosso Senhor Jesus Cristo, o amor do Pai e a comunhão do Espírito Santo estejam convosco.

Todos: Bendito seja Deus que nos reuniu no amor de Cristo.

Ministro: Irmãos, Cristo, Senhor nosso, se dignou vir até nós na Eucaristia. Cheios de alegria e gratidão preparemo-nos para este encontro.

Uns momentos de silêncio.

Senhor Jesus, destes a vossa Igreja o grande dom da Eucaristia para celebrarmos a memória de vossa Paixão, Morte e Ressurreição. Pela Eucaristia vos unistes a nós intimamente. Quereis que cresça entre nós a união fraterna.

Queremos aproximar-nos da vossa mesa com fé, amor e humildade.

Todos: Amém.

Ministro: Vamos ouvir primeiro a Palavra de Deus.

O ministro ou outro leitor lê um trecho — ou dois — da Sagrada Escritura. Para isto pode usar o folheto da Missa Dominical, ou as seguintes leituras:

Hb 9,11-15 e Mc 14,12-16.22-26;
Dt 8,2-3.14b-16a e Jo 6,51-59;
1Cor 10,16-17 e Lc 9,11b-17;
1Cor 11,23-26 e Lc 22,7-20;
At 2,42.46-47 e Jo 6,28-40.48-51.

Entre as duas leituras guardem-se uns instantes de silêncio, ou reze-se um salmo. Pode-se também cantar um canto de meditação. Em seguida, faça-se uma oração dos fiéis, de acordo com os vários modelos, sobretudo aproveitando o boletim dominical usado na paróquia.

Ministro: Preparemo-nos para a comunhão, reconhecendo nossos pecados e pedindo perdão a Deus. (Pausa para exame de consciência.)

Confessemos os nossos pecados:

Todos: Confesso a Deus todo-poderoso e a vós, irmãos e irmãs, que pequei muitas vezes por pensamentos e palavras, atos e omissões, por minha culpa, minha culpa, minha tão grande culpa. E peço à Virgem Maria, aos anjos e santos e a vós, irmãos e irmãs, que rogueis por mim a Deus, nosso Senhor.

Outra fórmula que pode ser usada:

M. Tende compaixão de nós, Senhor.

T. Porque somos pecadores.

M. Manifestai, Senhor, a vossa misericórdia.

T. E dai-nos a vossa salvação.

Uma terceira fórmula é a seguinte:

M. Senhor, que viestes salvar os corações arrependidos, tende piedade de nós.

T. Senhor, tende piedade de nós.

M. Cristo, que viestes chamar os pecadores tende piedade de nós.

T. Senhor, tende piedade de nós.

M. Senhor, que intercedeis por nós, junto do Pai, tende piedade de nós.

T. Senhor, tende piedade de nós.

Ministro: O Deus todo-poderoso tenha compaixão de nós, perdoe os nossos pecados e nos conduza à vida eterna.

Todos: Amém

Em seguida, todos rezam o PAI NOSSO.

Ministro: *Tira o Santíssimo do sacrário, faz uma genuflexão, apresenta a Hóstia e diz:*

Felizes os convidados para a ceia do Senhor.

Todos: Senhor eu não sou digno de que entreis em minha morada, mas dizei uma palavra e serei salvo.

Ministro: *Comunga primeiro. Antes de tomar sua comunhão, diz:*

Que o corpo de Cristo me guarde para a vida eterna. Amém.

Dando a comunhão aos outros, diz:

"O corpo de Cristo".

O comungante responde:

"Amem".

Durante a comunhão, podem-se cantar cânticos apropriados.

Terminada a comunhão, o Ministro repõe o cibório no sacrário e purifica os dedos. Haja uns instantes de silêncio para reflexão.

Depois o Ministro reza esta oração:

Senhor Jesus, que nos deixastes a Eucaristia como sinal da vossa presença no meio de nós, faze crescer em nós os frutos desta comunhão. Que o vosso Corpo que acabamos de receber nos faça construir o vosso Corpo vivo, que é a Igreja.

Todos: Amém.

Ministro: *Ao invocar a bênção de Deus, o ministro não traça o sinal da cruz sobre o povo, mas sobre si mesmo.*

Que o Senhor nos abençoe, guarde-nos de todo mal e nos conduza à vida eterna.

Todos: Amém.

Ministro: Vamos em paz e que o Senhor nos acompanhe.

Todos: Amem.

INSTRUÇÃO "FIDEI CUSTOS" SOBRE OS MINISTROS EXTRAORDINÁRIOS DA ADMINISTRAÇÃO DA SANTA COMUNHÃO

A Igreja, guarda da fé, cujo depósito ela conserva inviolado através da história humana, em vista de condições peculiares e novas necessidades que surgem, muda de quando em vez, com prudência e magnanimidade, leis puramente canônicas, baixadas por ela no decorrer dos séculos e por ela diligentemente defendidas.

Sendo o bem das almas a razão de ser da Igreja, as prescrições canônicas devem adaptar-se a este fim, para que, segundo as exigências das realidades no decorrer dos tempos, elas sejam realmente eficazes e consigam orientar de fato todo esforço da Igreja.

No nosso tempo, em que as condições da vida humana se transformam tão rapidamente, a Igreja, entre outras preocupações, deverá forçosamente tomar em consideração as angústias e dificuldades pelas quais ela está passando por causa do exíguo número de ministros sacros em algumas regiões, onde se vão assoberbando as necessidades da ação pastoral e são solicitados múltiplos trabalhos e esforços do ministério pastoral.

Por isso, o papa Paulo VI, em sua solicitude pastoral, houve por bem aceder aos desejos dos fiéis, e com prudência abolir o direito vigente. Reconhecendo a necessidade do nosso tempo, faz com que, além dos ministros elencados do cân. 845, sejam constituídos ministros extraordinários, que possam administrar a santa comunhão a si e aos fiéis.

Para que tudo isso se faça de maneira ordenada, por autoridade do sumo pontífice determinam-se algumas normas sobre a administração da santa comunhão conforme o rito latino:

1. Os bispos residenciais, os coadjutores investidos de todos os direitos e ofícios episcopais, os abades de regime, os prelados ordinários dos lugares, os vigários capitulares, os administradores apostólicos, mesmo sem caráter episcopal, e todos os que são denominados pastores neste decreto, podem dirigir-se às Sagradas Congregações da Disciplina dos Sacramentos e da Evangelização dos Povos ou da Propagação da Fé para os que estão sujeitos à sua autoridade, a fim de obterem a faculdade de permitir que alguma pessoa idônea administre a santa comunhão a si e aos fiéis:

a) Sempre que falte um ministro dos elencados no cân. 845 do CIC;

b) sempre que o mesmo ministro não possa administrar a santa comunhão sem incômodo, seja por causa de doença, de idade avançada ou do ministério pastoral;

c) sempre que o número de fiéis que se aproximam da sagrada comunhão for tão grande que a celebração eucarística se prolongue demais.

2. Os pastores acima mencionados podem delegar esta faculdade recebida aos bispos auxiliares, vigários gerais, vigários episcopais e delegados.

3. Pessoa idônea, da qual se fala no n.º 1, será pela seguinte ordem: o subdiácono, o clérigo investido de alguma das ordens menores; o religioso, a religiosa, o catequista (a não ser que, a critério prudente do pastor, o catequista deva ser preferido à religiosa) ou um simples fiel: homem ou mulher.

4. Algumas especificações:

a) Nos oratórios de comunidades de religiosos de ambos os sexos, os pastores supramencionados podem obter a faculdade de permitir que, observada toda cautela, o superior sem ordens sacras ou a superiora, ou os seus substitutos distribuam o pão eucarístico a si e aos seus coirmãos, como também aos fiéis que por acaso estiverem presentes e o levem aos enfermos que estiverem em casa.

b) Em orfanatos, hospitais, colégios e institutos no mais amplo sentido da palavra, dirigidos por religiosos ou religiosas, os mesmos pastores de que trata o nº 1 podem obter a faculdade pela qual o superior ou reitor sem ordens sacras, ou a superiora ou os seus substitutos, ou ainda um fiel de comprovada vida cristã distribuam a santa comunhão a si e aos súditos da própria casa ou também aos demais fiéis que por qualquer motivo estiverem presentes; esta faculdade permite também levá-la aos enfermos.

5. O fiel a ser escolhido como ministro extraordinário da santa comunhão deve distinguir-se pela vida cristã, pela fé e bons costumes; convém que se recomende pela idade madura e tenha sido devidamente instruído para exercer tão nobre ministério. Escolha-se uma mulher de comprovada piedade em casos de necessidade, ou seja, no caso em que, não se puder encontrar outra pessoa idônea.

6. A pessoa idônea para a administração da santa comunhão, escolhida nominalmente pelo bispo, receba dele o mandato, segundo o rito preparado para deputar um ministro e distribua a santa comunhão segundo as normas litúrgicas.

7. Durante a administração do sagrado banquete, procura-se evitar qualquer perigo de irreverência para com o santíssimo sacramento, a quem se deve toda a honra.

8. A faculdade concedida aos pastores, dos quais se trata acima no n.º 1, é concedida para um triênio pelas Sagradas Congregações da Disciplina dos Sacramentos e para a Evangelização dos Povos ou da Propagação da Fé aos que por justa causa a pedirem.

9. No fim do triênio, os pastores em questão não deixem de informar as respectivas Congregações sobre o andamento da experiência, inclusive se contribui realmente para o bem das almas.

Cidade do Vaticano, 30 de abril 1969

ÍNDICE

Apresentação 3

1.º Encontro: Nós nos encontramos. Por quê? 5

2.º Encontro: Nós somos Igreja 8

3.º Encontro: Nós somos o Corpo de Cristo 15

4.º Encontro: O ministério na Igreja 19

5.º Encontro: O sentido do domingo 28

6.º Encontro: A Eucaristia (I) 33

7.º Encontro: A Eucaristia (II) 43

8.º Encontro: Ministros de culto sem padre 47

9.º Encontro: Algumas orientações práticas 53

    A Comunhão aos doentes 56

    Cerimonial para o mandato
    dos Ministros da Eucaristia 61

    Ritual para a Comunhão fora da missa 64

    Instrução "Fidei Custos" 68

Rua Dona Inácia Uchoa, 62
04110-020 – São Paulo – SP (Brasil)
Tel.: (11) 2125-3500
paulinas.com.br – editora@paulinas.com.br
Telemarketing e SAC: 0800-7010081